*Et je l'ai dit au vent
qui féconde la plaine...*

Jean-Claude Avérous

*Et je l'ai dit
au vent
qui féconde la plaine...*

Presses de la Renaissance

37, rue du Four
75006 Paris

Si vous souhaitez recevoir notre catalogue et être tenu régulièrement au courant de nos publications, envoyez vos nom et adresse en citant ce livre aux

Presses de la Renaissance
37, rue du Four 75006 Paris

et pour le Canada à

Édipresse
945, avenue Beaumont
Montréal H3N 1W3

© Presses de la Renaissance, 1990.

ISBN 2-85616-561-3   H 60-3609-9

Le narrateur se nomme Pierre. Agé, il relate l'aventure d'un homme qu'il a connu à Vera Cruz, alors qu'il était enfant, et qui a nom Guilhem. Les passages en italique sont prêtés par Pierre à Guilhem.

I

Le ciel est vide et blanc, coulée d'ardente fonte. Montagnes et vallées se mêlent et se noient jusqu'à n'être qu'un tout que le vent frôle, que le vent flatte et qu'il étreint. Dans le silence, n'était parfois quelque craillement de corneille ou bien d'oiseau sauvage accablé par l'instinct, la vie semblerait n'être pas; tout n'est que fixité et le temps, morne et lent, monocorde, uniforme en son rythme pesant, donne à cette vie-là une infinie fadeur. Les siècles ont fané, et les temps de naguère en cette langueur molle où exister expire! Lenteurs du vivre ou lenteur du mourir, qu'importe ici, en ce temps qui se fige.

Un point s'approche, plus sombre que le plan arrière d'où il fuse, trajet extravagant de matière qui va. Du paysage se détache sans bruit un centaure fougueux aux jambes graciles et vibrantes. En moi, toujours, cette insolite certitude que cet individu infime, ce cavalier minuscule porte en lui, virtuelle, une éclisse d'aventure humaine. On peut tout attendre d'une solitude où demeure quelque glorieux transport. Sa hâte paraît sans bornes, le temps le dévore et le brûle avec tant de fièvre qu'il semble receler toute la vie de cette vallée, de cette apparence. Un homme, qu'est-ce ? Un néant qui s'ignore ; et pour toi, Guilhem, qui ne le veux savoir mais le sais, toi qui allies certitude et refus ? Mais les coups cadencés des jambes de la bête assènent dans mon front que ce néant n'est pas. Nier sa condition d'homme, cette inanité, quelle entreprise !

Et je m'en vais sur cette croûteuse rocaille au galop noir de ma monture ; les cris rauques et cadencés des pierres hurlent dans la vallée, ne trouvent pas d'écho, se fondent doucement dans les autres gémissements des silex martelés. Que ne suis-je de pierre ? Ne crier qu'un instant par siècle ! Etre vide d'espérance et de sens dans un océan pierreux d'indifférence ! Et pourtant, charroyées par mon grand-père, elles pesaient aux reins de Favori qui hennissait sa lassitude tandis qu'enfant je marchais, une branche effeuillée à la main pour écarter les couleuvres qui se lovaient dans les creux ardents du chemin. Cailloutis dérisoires pour empierrer les routes, blocs nobles choisis pour un destin ? Pierres : une à une posées avec soin, parfois avec tendresse, jusqu'à composer manoirs, cathédrales, temples, pyramides, obélisque tout de mystère et de raideur. Vous êtes substituts d'osselets pour les enfants que naguère nous fûmes, menhir ventru, vaniteux autel, pesant dolmen, stalactite. Qu'y a-t-il, sous votre rêche ou lisse écorce ? Etes-vous conscientes, crachées par quelque bouche à feu, vomies par des pierriers, d'avoir percuté de ces remparts figés, d'avoir massacré les corps saignants des gueux ? Etes-vous fières, nombreuses, vivantes à la surface du monde, lentement modelées par l'eau et par le vent, falaises de porphyre, de marbre, de granit ou de tendre calcaire, rochers altiers, pierres clouées ou chancelantes d'un Sidobre rêveur, êtes-vous fières et heureuses de jouir de l'ombre caressante des châtaigniers, du doux effleurement des feuilles des fougères, des digitales jaunes, des digitales pourpres, de vous sentir passionnément pressées par le feutre des mousses ? Soyez fières, pierres sourdes ! Vous avez ce qui manque aux végétaux, aux êtres. Vous avez la durée. Farouche crispation de la vie dans le moindre galet. Que vous vous endormiez sous les limons, dans l'humus des sous-bois ou que vous soyez vives encore, lorsque le vent vous jette les spores fécondes, vous nous faites entrevoir comme une fausse éternité. Il faut aimer les pierres.

Il est de vieux pays où dansent les najas, mon fidèle serpent est fait de poussières : tu les charmes, cheval, au son de tes sabots, elles bondissent d'effroi, dansent dans le soleil, s'épanchent doucement en un frisson léger, semblent vouloir flotter, heureuses dans l'air libre, à perdre haleine, avant de lentement chanceler et de sombrer jusqu'à se fondre avec une infinie discrétion dans le tapis de poudre rousse dont, un instant, tu les avais libérées. Tel est aussi le cours des aventures de l'esprit, des idéologies, des doctrines. Au galop fou de l'angoisse humaine, elles occupent, mobiles, fluctuantes, quelques décennies, puis s'estompent dans la nonchalance. Un poudroiement couleur poussière, blond ou roux, c'est selon, mon beau cheval, voilà ce que, derrière nous, nous laissons.

A quoi bon agiter cette pruine du monde ? Pourquoi courir devant mon ombre ? Mon ombre ! De moi toujours trop proche, dansante projection de mon opacité, mon unique horizon. Je ne suis qu'un brin d'être et, au sol, sa caricature qui sitôt disparaît que le soleil s'éteint, un clair et un obscur qui, le soir, se confondent. Mais, aujourd'hui, je veux un grand morceau d'insignifiance — et de toute ma force. Je veux d'abord ombrer ce coin de sol poudreux, je veux crier : « Je veux » aux pollens des sentiers ; je veux... je veux mener une bataille au grand soleil, ma bataille, quelque chose de farouche et de ténu ; je voudrais me sentir exister.

En cet avril qui meurt, messager d'un désastre, tout enivré d'horreur, je me souhaite aveugle, cède à l'exaltation ; j'excuse la griserie qui envahit mon crâne, j'accepte le tressaillement contenu de mes mains, je m'abandonne à la crispation qui m'habite, au spasme qui contracte mon corps tout parcouru de tumultueuses images. Combattants hagards, soldats massacrés, vous m'avez offert une illusion de liberté joyeuse dont je veux m'enflammer. Je sais n'avoir contre mon flanc qu'une main morte, mais, seul dans la vallée, j'aime ma déraison qui fane mon passé, j'aime la saveur âcre qui habite ma bouche. Je nais adulte, pousse mon premier cri, j'existe enfin, par ta grâce, Danjou, mais n'aie crainte, je sais le poids des sacrifices. Je me gorge un instant d'un farouche bonheur. Je veux cesser pour quelques heures de vivre ordinairement ma fortune ordinaire, je veux porter un lambeau de vos pourpres, être un morceau de votre temps, traîner vos dépouilles sanglantes au Chiqui-huite, tu sais, Danjou, au petit panier d'osier — mais vide de tortillas !

Bandant soudain ses muscles, membres antérieurs raidis d'effroi, de tout son poids scellé au sentier, le cheval a brisé sa course. Paso del Muerte : l'étroite barranca sabre soudain le sol, le tranche, le taillade ; et Guilhem caresse cette crinière agitée, cette encolure fiévreuse ;

lentement le cheval va au flanc raide de la ravine, parmi les maigres fourrés, vers le petit arroyo qui languit en son fond. Et tandis qu'il gravit l'autre berge, il prend peur à nouveau ; un long corallus vert, tout annelé de blanc, y feint la somnolence.

Trois jours déjà que les pluies ont cessé. Le sol est asséché et seules de larges craquelures dans les flaques aspirées par un ciel trop ardent les rappellent encore. En cette tierra caliente une étouffante moiteur accable toute vie. L'herbe est rare, jaune ou brunâtre, dure et tranchante dans l'air torride. Au feu humide du Mexique fleurit une touffeur, tel un bouquet des champs. C'est la lente et majestueuse pavane du grand soleil muet aux sanglants rayons d'or. Pesante, aveuglante, sa clarté coule dans les veines de la bête et de l'homme ; ils vont tout droit au cœur d'un gigantesque hélianthe qui vêt de flammes les rocs, les broussailles et leurs fronts.

Il y a trois siècles, quatre décennies et quatre ans, d'autres cavaliers suivaient la même sente. De la route royale que, plus tard, les Espagnols bâtirent nul vestige ne demeure sinon quelques débris de parapets de ponts, reflets d'histoire. Seule ici la mémoire des pierres peut sauver de l'oubli la lente chevauchée au long des cimetières de Cortés et des siens. Dans la même fin d'un même mois d'avril, deux hommes du même âge, Hernán et Guilhem, tous deux venus d'Europe, ont parcouru un même paysage. Mais je te vois sourire, Guilhem, car tu sais que vos visées diffèrent; tu ne vas pas soumettre Traxcalans, Tabascans, Totonacs, voir mourir Moctezuma et crouler son empire, tu ne vas pas détruire — Tenochtitlán en feu — le monde des Aztèques, tu ne vas pas fonder quelque Nouvelle-Espagne... Tu ris, Guilhem, car tu galopes vers le Chiquihuite et un bon colonel du nom de Jeanningros. Tandis que, une à une, les gouttes du présent se transforment en passé, tu ajoutes à la tapisserie du temps ta maille grise. Au fond de toi pourtant un instinct se rebelle, refuse d'accepter la certitude qui t'habite de ton inexistence, plaide l'insignifiance, récuse le néant. Tu dis : « Mon privilège unique est dans ma solitude. Eux, ils étaient cinq cents. » Ta chevauchée naît de ta volonté, fille de ton dénuement. Tu t'insurges, ton corps trouve dans le soliloque et l'action solitaire une issue — quand tu sais qu'il n'y a pas d'issue. Et ton moi habituel développe un discours comme ton moi nouveau. Ta solitude se dédouble. Elle engendre aujourd'hui une ardente passion.

Le bistre des morts-bois et le pastel des ocres aux halliers vides que nappe un feu d'une pâleur verdâtre. Dans les nôtres, Guilhem, en terre d'Oc enivrée de soleil, chantent la blanche écume des aubépines et l'oiseau en son nid... Aux soirs ardents de l'été blond, j'écoute bourdonner autour des buissons blancs les guêpes folles. Mais toi, en cette vallée vide, tu vas, ombre noire sur fond d'ocreuse broussaille, tu savoures chaque instant qui passe et qui jamais plus ne sera, tu ignores où ta route te mène et tu sais seulement n'avoir aucun sentier derrière toi. Tu mords dans cette déchirure en ton être, sourd aux cris stridulants d'un toucan au bec jaune et de perroquets bleus, à cette criaillerie stupide qu'une fureur, ce soir, colore d'écarlate.

II

Quand vos mains furent lasses et vos bouches meurtries, quand les flammes en son corps douceur se firent, quand l'ardeur inflexible, les haleines mêlées devinrent tendre nuit, quand tu eus moissonné la chair, toute la chair si pâle de la femme, tu dormis — Guilhem — brève nuit, ta tête au ventre de l'aimée, ses mains sur ta nuque posées. Et vint claquer un coup de feu dans le franc soleil de ce matin d'avril ! Et tu enfilas ton pantalon, tu glissas tes pieds dans tes bottes. Entre ce rêve d'existence qu'est une nuit de charnelle liesse et la vie ordinaire, toujours ce burlesque intermède de bottes et de braies !

Je vois, à l'est, une petite troupe précédée d'une escouade en tirailleur ; elle quitte la route, marche sur deux colonnes à demi-distance, avec cet esprit de méthode pointilleux, ce zèle mécanique que les hommes, plus encore les militaires, mettent à accomplir tout ce qu'ils font, singes affairés, diligentes fourmis. « Inès, ils vont droit sur notre hacienda, habille-toi ; nous ne tarderons pas à recevoir des hôtes imprévus ! » Ce sont des légionnaires. Ils ont bivouaqué près de la mare de Palo Verde, là même où, hier, nous allions chercher dans l'eau bourbeuse et grise le reflet frissonnant de branchages mêlés. Le feu qu'ils venaient d'allumer fume encore sous l'eau bouillante des marmites renversées à la hâte. Ils n'ont pu boire leur café. Quelque chose a dû les déranger. Au nord monte, en légers tourbillons, de la poussière et voici qu'une moisson de Mexicains armés, à pied ou à cheval, se lève, vives hordes prêtes à dévaler vers leurs proies. Ils attendent un ordre. Leur nombre leur confère une sorte d'assurance fluide. Je les sens prêts à régler sur l'heure le sort des nôtres. « Mets-toi en sûreté, Inès, ils ne tarderont pas à charger. »

Trois Mexicains entrent dans ta chambre, Inès, ils vous tiennent en joue, et c'est le rituel du garrottage. En un instant, tu gis, bâillonnée sur ton lit, tandis que Guilhem, auprès de sa fenêtre, captif, réduit au silence, va devoir assister, spectateur tout raidi de furieuse impuissance, au combat. Vos vies sont sauves et votre capture discrète, afin sans doute d'éviter que les légionnaires ne sachent leurs deux ennemis et leur chef dans l'hacienda, sans doute aussi parce que Ramon Lainé donne les ordres. Ramon, Ramon Lainé, fils d'un Français depuis longtemps installé à Vera Cruz et d'une Mexicaine et que tu avais connu, Inès, avant même qu'il ne quitte la ville pour devenir à Chapultepec le lieutenant Ramon Lainé. Ramon, ses cheveux courts, raides et noirs, son regard doux, rêveur, son nez busqué, ce rictus triste et ces manières policées, un peu lasses, ce mélange d'élégance et de banalité, cet esprit propre, ce cœur loyal. Il a grandi sur les rives de l'océan comme toi, Inès, il a ton âge mais dans cet entrelacs d'alliances et de défis, de feinte loyauté et de courtoise hostilité, les tiens, Inès, et ton amour pour ce Français, Guilhem, t'ont fait choisir l'alliance avec ces hommes venus d'Europe pour bâtir au Mexique un empire, tandis que Ramon, au sortir de son école militaire, est devenu officier d'ordonnance du colonel Milan. Et tu te souviens de l'avoir vu et présenté à Guilhem au bal qu'organisait il y a quelques semaines le colonel Labrousse, en l'honneur de l'arrivée à Vera Cruz du Régiment étranger.

La guerre est chose étrange ; dans le monde des officiers, l'éducation, la courtoisie exigent de ces reflets de la vie civile et mondaine et Labrousse avait arrangé un bal. Il manquait les murs cramoisis, les porcelaines en leurs vitrines, les lustres, les Hercule à l'enfant, les colonnes et les bustes, les lampes, les velours, les tapis, les indiennes, les cachemires, le silence des miroirs morts et les bois et les ors, les chandeliers et, sur les tables d'acajou, l'argenterie et le cristal. Point de cocon à Vera Cruz. Mais dans une sobre demeure bourgeoise où le commandant supérieur de la place recevait, les uniformes étaient beaux, les corps jeunes et altiers, les femmes fines, toutes de dentelles, avec leurs bras largement dénudés, leurs éventails et leurs complexes coiffures qui, à ravir, feignaient le naturel. Et le cadre convenait à ce bal de chimère. Aux murs dansaient, au gré des convenances, les ombres de spectres imminents. A leur dernier bal, ils tiraient leur ultime révérence, car tous allaient périr, et vous aussi, mon colonel, mais moins glorieusement, du vomito negro.

Que font-ils là ces légionnaires, face à des Mexicains qui lentement approchent dans un crissement de broussailles écrasées ? Ils accomplissent une mission ; une de ces missions dérisoires, dénuées de gloire mais non d'importance. Puebla, sur la route de Mexico, est la place forte des hommes de Juárez. Ils sont là trente mille artilleurs, fantassins, cavaliers et, onze mois plus tôt, ils ont eu raison du corps expéditionnaire français du général de Lorencez. Alors c'est une armée que Napoléon III a envoyée au Mexique. Et le général Forey assiège Puebla. Et il est hors de question de se laisser couper de ses bases, du port de Vera Cruz. Et le colonel Jeanningros est chargé avec son régiment de contrôler le secteur qui va du Chiquihuite à la mer, de réduire une guérilla de plus en plus hardie, de plus en plus active. Il faut assurer le convoiement du matériel de siège, des pièces d'artillerie, des munitions, de la solde des troupes.

La veille Jeanningros a appris qu'un énorme convoi va quitter La Soledad. Il pense l'escorte insuffisante, s'en ouvre au capitaine Danjou qui estime indispensable de renforcer la protection en place. Jeanningros donne son accord. Il dit à Danjou de désigner une des compagnies pour partir aussitôt. C'est à la troisième de marcher. Elle n'a plus d'officier. Le capitaine Cazes, blessé, puis malade, est détaché à Medellín, le lieutenant Gans a une violente crise de paludisme, le sous-lieutenant Vilain fait office d'officier payeur et remplace Barrera qui vient de mourir de la fièvre jaune. Alors Danjou propose à Jeanningros de prendre pour la durée de l'opération le commandement de la compagnie. Le colonel accepte. Les sous-lieutenants Maudet, porte-drapeau, et Vilain demandent à l'accompagner. Trois officiers volontaires pour la mission et les soixante-deux hommes que la maladie n'a pas encore abattus, cela fera une compagnie. Avec ses deux mulets chargés des vivres et des munitions. Et puis tout cela n'est que routine.

A vingt-trois heures, distribution de café. Danjou écrit une brève lettre à son frère demeuré à Chalabre qui s'achève sur cette étrange phrase : « Adieu, je te quitte, résolu à faire tout mon devoir, et plus que mon devoir. » A une heure du matin de ce 30 avril, soixante-cinq hommes s'enfoncent dans la nuit. Au point du jour ils passent à Camerone puis c'est la halte, à Palo Verde.

Danjou — car c'est bien de Danjou qu'il s'agit, le capitaine à la main morte — conduit sa compagnie vers l'ouest ; ils sont passés derrière notre hacienda, protégés par un talus surmonté d'une haie ; sans doute veulent-ils se replier en bon ordre vers un poste avancé du régiment, d'où, la fusillade aidant, des renforts accourront. Mais les cavaliers mexicains enfilent leurs vestes, et, sabre au poing ou lance à la main, sur la butte voisine, se tiennent prêts à charger. Danjou fait battre la charge comme pour donner à croire qu'il va prendre l'initiative de l'attaque. Face à face, mais à distance, les deux troupes s'observent tandis que le noir roulement de tambour annonce à bien des combattants une mort prochaine. L'instant est fait d'insignifiance et de cataclysme imminent ; il a comme un parfum d'histoire. Il est lourd d'élémentaire émotion et d'un silence que seule la violence peut à présent briser.

Les cavaliers n'ont pas été dupes ; ils dévalent la butte, se divisent en deux colonnes pour mieux enserrer la compagnie, et brusquement chargent en hurlant. Danjou ordonne : « Formez le carré. » Et tandis que les mulets, effrayés, s'échappent, emportant avec eux vivres et munitions, en terrain découvert, les légionnaires, le doigt sur la détente, attendent le commandement pour tirer. Sitôt les cavaliers parvenus à quelques dizaines de mètres, un feu de salve les abat en grand nombre, bloque la charge et incite les assaillants à se replier. Les clameurs sont immenses. Chevaux blessés, cabrés ou gisant sur le flanc, hennissant leur détresse, chevaux ruant, chutant dans ce désordre, cavaliers démontés en fuite vers la butte sous le feu des légionnaires.

Leur charge brisée, les Mexicains se regroupent. Il y a là cette route qui n'en est plus une et qui menait jadis de Mexico à Vera Cruz, par Puebla et, dans les Terres Chaudes, par Chiquihuite, Camarón, Palo Verde. Des siècles de négligence l'ont transformée en vague et poussiéreuse piste. De part et d'autre l'hacienda de La Trinidad, seul bâtiment du village que la guerre n'a pas totalement détruit. A quelque distance, les chaumières du village indien ne sont plus que fatras de pieux brisés, de branches, de rudimentaires torchis et le vent s'obstine à arracher des brindilles aux toits de chaume effondrés. J'avais ri lorsque Inès m'avait dit souhaiter vivre sa première nuit d'amour dans l'hacienda déserte de sa tante, où l'attachaient tant de souvenirs de son enfance. J'avais même consulté des cartes dressées par l'état-major français et, n'ignorant pas que Camarón se trouvait à 63,260 kilomètres de Vera Cruz, 21,270 kilomètres de La Soledad et à 304,76 mètres d'altitude, j'avais cédé à sa requête. Implorante et capricieuse, elle ne voyait pour devenir femme aucun havre de paix plus propice.

La paix fut éphémère ! Nous voici, stupidement ligotés dans cette chambre, à l'étage du bâtiment nord encore presque pimpant avec sa galerie et d'où mon regard plonge sur le bâtiment sud. C'est la « casa de material », le parc à matériel, un vaste carré de cinquante mètres de côté, fermé par un mur haut de trois. Sur le flanc nord des pièces en piètre état, à l'est et au sud des hangars en ruine dressent quelques murettes, côté ouest deux portes sans vantaux sont, avec une brèche au mur sud, les seules ouvertures qui donnent accès au corral. Le temps n'est plus où tout un petit peuple de peones y parquaient les bovins afin de les marquer, où les arrieros de passage pouvaient y mettre pour la nuit leurs mules et leurs chariots, où toute l'hacienda incarnait l'opulence en ce pays qui ne la connaissait guère.

Vers l'est, vers les ruines du village indien, deux talus surmontés de haies et de cactus se dressent de part et d'autre de la route. Danjou a su en utiliser un pour protéger son carré lors de la charge. Il exploite le répit que lui laissent les Mexicains pour faire manœuvrer la compagnie et l'abriter plus au sud derrière le second talus. Quand chargent les cavaliers, elle est là remarquablement protégée, toute proche des portes béantes du parc à matériel. L'assaut est un échec ; la ruée, ardente mais confuse, dans les cris, le martèlement saccadé des sabots sur la terre et tout un ondoiement de poussière dorée, qui ne se disloque que dans le ciel, s'achève dans les cris, les jurons et dans le feu des légionnaires. Les cavaliers les moins frustes ont contourné les talus et l'hacienda, ils prennent le carré à revers, quelques Mexicains s'aventurent déjà dans le corral. Alors, au cri de « Vive l'Empereur ! », les nôtres aussi s'y précipitent, Danjou en tête. Ils s'engouffrent dans les déchirures des murs et dans leurs solitudes, farouches et joyeux, ils courent vers ce fort dérisoire, peut-être confusément conscients d'offrir bientôt un visage à leur néant et empoignés du désir de jouer leurs vies aux dés, courageux, car il n'est pas de courage sans cette incertitude, tous heureux d'ignorer de quoi sera fait le soir de ce lumineux matin de printemps.

Au-dehors se pressent des centaines de Mexicains, tous cavaliers, Jarochos pour la plupart, sang-mêlé, métis d'origine espagnole et indienne. Descendus de cheval ils sont embarrassés de leurs éperons, de leurs lances auxquelles ils préfèrent leurs courtes carabines Spencer sans baïonnette. Certains portent des tenues chamarrées, chatoyantes avec des blouses rouges, d'autres sont en pantalon blanc, chemise blanche, sandalettes et poncho. Seul le sombrero donne à ces équipements disparates un semblant d'uniformité. On ne tire plus guère, chacun essaie de se poster tandis qu'à distance ceux qui, dans les couverts, gardent les chevaux s'occupent des montures. Et, de la colline, arrivent au galop des renforts de cavalerie, informés de l'échec des deux charges, prêts à faire rapidement disparaître l'îlot de résistance qui vient de se retrancher dans l'hacienda. Les tuiles rougeâtres, les pans de mur parfois troués comme des meurtrières, les murettes de pierre et de torchis, la terre empierrée du corral, quelle insignifiante protection ! Environ cinq centaines de cavaliers réguliers et trois de partisans vont s'en rendre maîtres sur l'heure.

Je sais de quelle boue nous sommes tous

pétris, mais en moi s'embrase un amour pour ces garçons venus d'Europe, égarés dans ce corral mexicain. J'aime, en cette heure, ces jeunes hommes sans innocence ; si leurs bidons sont vides, ce n'est pas par négligence. La mare est insalubre et l'eau n'a pas bouilli. Et lorsque Danjou transmet de légionnaire en légionnaire la bouteille de vin que son ordonnance avait pour lui dans sa musette, les quelques gouttes recueillies par chacun au creux de la main ont valeur de symbole. Ils vont se battre l'estomac vide, la gorge sèche sous le soleil qui se fait plus ardent, mais avec le souvenir du goût du vin partagé sur les papilles. Ils vont se battre à un contre dix, puis contre cent, peut-être mille. Ils vont se battre avec soixante cartouches par soldat et plutôt moins déjà. Il faudra tirer à la tête et à coup sûr, enfermés dans cette cour de ferme avec pour objectif d'empêcher que les portes et la brèche et le mur d'enceinte ne soient franchis. Et Danjou fait encombrer les ouvertures de quelques madriers qui contrefont les barricades.

Une fusillade mexicaine nourrie, puis un silence et le colonel Milan, qui a pris la tête de ses cavaliers, fait sommer les assiégés de se rendre. Tout est contre eux, même le vent qui souffle vers la plaine et ne peut porter aux postes français le bruit de la mitraille. Mais, à l'officier qui lui enjoint de déposer les armes, le sergent Morzicki, embusqué sur un toit pour observer la situation, décline, gouailleur, en guise de réponse le mot de Cambronne sur le modèle de la première déclinaison latine, et ajoute : « Dans le tas il y en a bien un que vous comprendrez, eh sandalettas ! » puis il se laisse glisser avec souplesse jusqu'au sol et lance : « D'accord, mon capitaine ? » Il est tout enivré de l'aventure, Marie Morzicki, de ses galipettes sur les toits, de ses ascensions, de ses dégringolades, de son rôle. C'est le fils d'un officier polonais que diable et d'une Française ; il est français, Morzicki, il vit sa cinquième année de Légion et, dès que le feu lui en laisse le temps, il rigole : « Allez la Légion, il faut tenir jusqu'à minuit. Demain ce sera mon mois, le mois de Marie. On va coller des guêtres à la Sainte Vierge, des épaulettes et un képi... et vous allez voir dégringoler les miracles, vos bidons seront pleins de bon vin, du treize degrés, les gars, allez, on va tenir. » Et il rigole de grand cœur. Il est tout entier enfermé en lui-même, il a trop à faire pour s'occuper des autres, il est trop sain pour s'occuper des autres ; il va mourir, Morzicki, l'homme au pauvre blasphème. Tout un lot de Mexicains, vengeant l'honneur de la Sainte Vierge, lui étoileront le front.

D'ailleurs le feu des assaillants est d'une extraordinaire intensité. Ils n'osent s'aventurer dans le corral, alors ils tirent, ils tirent pour tirer, pour faire du bruit, pour s'enivrer du sourd crépitement des balles, pour jouer à la guerre et puis parce qu'ils ont des cartouches à ne savoir qu'en faire et puis parce qu'ils ont leurs sournois, leurs haineux et leurs lâches. Ils sont pris d'un délire épisant que viennent accroître l'odeur de la poudre et le soleil. Tout un pétillement perfide, tout un bruissement couard des êtres et des choses, les cactus, la terre calcinée, une vipère égarée, qui fuit sans savoir où, entourent l'hacienda.

« Jurez-moi que vous combattrez ici jusqu'à la dernière cartouche », hurle Danjou. « Juré, mon capitaine ». Ils sont cabrés, nos légionnaires, dans leur refus de convenir qu'ils sont là, pris au piège, sans eau, sans vivres, sans outils pour percer des ouvertures dans ces murs qui les entourent, les protègent, mais aussi les étouffent. Et j'en veux à Danjou de n'avoir pas compris

qu'il s'agit là d'une souricière, de s'y être précipité, de n'avoir pas su gagner les couverts pour rejoindre d'autres compagnies du Régiment étranger. Mais je m'en veux aussi d'avoir de ces raisonnements de civil, toujours préoccupé de sauver sa flammèche de vie, je pense à « hacienda »..., « facienda »..., « ce qui doit être fait » et à ce capitaine qui va, qui vient d'un poste à l'autre à travers le corral, rallumant les énergies, échauffant les enthousiasmes et pour qui sauver son détachement, c'est faillir à sa mission : secourir le convoi, penser à Puebla, aux pièces d'artillerie, aux armes, aux munitions qui doivent absolument passer, voilà sa tâche. Dans la chaleur qui, peu à peu, se fait torride il convient d'attirer sur soi ces Mexicains, de les fixer le plus longtemps possible. La mission, la Légion, le courage. Je ne sais quel Chinois a dit un jour qu'il s'agit d'une vue peu nette du danger. Pour les benêts sans doute mais pas pour Jean Danjou tandis qu'au flanc de la colline la vague grise de plus de mille fantassins descend avec lenteur. Trois bataillons de la Garde nationale et les guérillas de Cotaxtla, de Cueva Pintada, de San Jerónimo... ils sont deux mille à présent pour une cinquantaine de légionnaires.

Car on meurt à Camarón. Chaque fois que se tait la fusillade, les blessés gémissent d'une voix sans cesse plus faible. Derrière un large muret gisent Peter Conrad et Johann Reuss. Reuss n'a pas dix-huit ans. Il s'éteint lentement, ventre béant, entrailles au soleil ; son corps crispé masse la terre. Conrad, blessé à la poitrine, est allongé auprès de lui. Il lui parle de ces pays lointains qu'ils ne pourront revoir, de Sidi-bel-Abbès, des seins des prostituées, il lui dit qu'il valait mieux cent fois, comme les lansquenets, courir le monde derrière tambours et fifres que de vieillir longtemps auprès de la curaille. Il lui dit leur Allemagne, les complexes ornements des colombages bruns sur les façades blanches, les pignons orgueilleux, les encorbellements où cousent gravement des dames vieillissantes. Il lui dit ces grands toits, tout percés de mansardes qui se mirent dans l'eau de rivières si lentes que de grands nénuphars y peuvent se poser, les ponts gothiques, les tourelles, les chapelles romanes, les fontaines et les sources, les vignobles étagés par des murs de pierres sèches, le goût de terre des vins du Main, les coucous, les jouets de bois de son enfance et les armoires ornées de peintures fleuries, il dit comme la mousse est calme sur l'or sombre des bières, à l'ombre des tilleuls ou bien des châtaigniers près de quelque couvent où passent, souriantes, des religieuses bleues, lui dit Unterunsbach, et la basse Bavière, les fleurs dans les prairies et aussi les colombes qu'enfant il élevait dans son vieux pigeonnier, leur roucoulement sourd et leur vaste bruit d'ailes lorsqu'elles prenaient leur vol vers de lointains ailleurs qui lui faisaient nourrir très haut dans la poitrine une brûlante ardeur, mélancolique envie d'aller, le jour venu, à l'aventure jusqu'au méchant corral d'un Mexique trompeur. Je ne sais qui des deux rendit l'âme en premier mais je sais que leurs fronts un moment se joignirent et qu'ils moururent ainsi, très loin de la fureur, marchant sur des sentes de velours près des coquelicots, des bleuets et des herbes, au grand midi, entre les seigles.

Ils meurent avec leur capitaine. Danjou est tombé dans le corral, le sang inonde sa tunique bleu nuit aux neuf boutons dorés. Il a porté sa main droite à son cou, tachant de rouge les grenades de son collet. Vilain et Berg et Pinzinger se ruent à son secours, n'osent le relever tant la blessure est grave. Il ne peut plus parler, le capitaine qui appelait sans cesse ses hommes par leur nom, qui insufflait l'ardeur et qu'estimait sa troupe. Seuls les gestes traduisent la pitié qu'ont les siens. Berg a pris une grosse pierre, Vilain y pose la tête fine et grave de Jean Danjou, roule son couvre-nuque, oreiller de fortune pour ce mourant; il se penche sur son visage, fixe ardemment les pupilles du capitaine, veut y lire un message. J'ai bien connu Danjou jadis, à Carcassonne. J'y enseignais à l'institution Montés où il avait repris ses études pour préparer Saint-Cyr. Sa vocation avait pris la forme du robuste Canut qui avait été ouvrier dans la fabrique de bonneterie du père et, un jour, s'en était retourné passer quelque temps à Chalabre; par la grâce de l'armée d'Afrique il était devenu le sous-lieutenant Canut. Ses récits avaient arraché Jean Danjou à l'entreprise familiale. Il avait semblé au gamin de quinze ans que seuls aux faibles était interdite la carrière des armes, que tout, dans son Kerkorb natal, ignorait la démesure et que, tant qu'il vivrait, il ne devrait jamais se contenter de lui-même, qu'il lui faudrait refuser ses limites et que, si Dieu était, il fallait l'éblouir. En Danjou était née une soif d'admirer. Et, dans ces yeux, Vilain lisait la mort d'une illusion.

Son capitaine avait rêvé de gloire, avait mordu dans l'aventure, consciemment, à Saint-Cyr, en Algérie, en Kabylie, en Crimée, et à nouveau en Algérie, puis en Italie, au Maroc, au Mexique : il n'avait eu qu'un rêve : se hausser, compenser le malheur par la gloire et rien n'avait pu le briser : sa main gauche amputée et c'était la réforme... mais il avait lutté, s'était fait faire une prothèse de bois, articulée, étroitement fixée par un manchon de cuir, recouverte d'un gant blanc. A présent cependant son front se vide de pensées et ses yeux se révulsent, il meurt pour la passion qu'il a rêvée naguère mais il meurt anonyme, comme meurent les légionnaires, tous les soldats du monde. Le souvenir se perd des êtres qui trépassent et leur trace s'efface comme sur l'eau le friselis du vent du soir.

J'ai tant vu d'êtres humains qu'ils m'ont glacé d'indifférence. Je ne suis plus des leurs. J'existe en marge, en ce Mexique où m'ont mené des travaux de recherche chargés d'arrogance et d'inanité. On vit de vent mais d'un vent qu'on supporte. A toujours renoncer à devenir ce qu'il voulait être, à museler l'orgueil de ses jeunes années, l'homme ferme les yeux à ces révélateurs d'âme que sont les contingences. Je crois bien me connaître et je me sais si peu. Danjou, j'aime ta mort banale, ta mort lointaine, ta mort discrète de soldat parti au sacrifice ; j'essaierai de t'aider à ne pas te soustraire trop vite — toi et tes compagnons — au souvenir des êtres, moi qui ne suis qu'une outre à aviver le vent.

Mais je veux d'abord, en ce val du Mexique, te dire les doux mots de notre enfance vieille. Ta mère te dirait, et ton père, Danjou : pécaïre, poulou, t'as pas l'air coque, esclaffé avec tous ces soldats de morts. Ça ray, t'as toujours été un boulégayre, mais tu sais, diou me damné, tu me fais inquiéter avec ces mascarades. La terre n'est pas moufle et t'es là tout mâché. Despatcho-té, fada, moun grandounnet ; al cantou del fiou te pourras amaguer ; je te ferai des oreillettes et tu mangeras du melsat et des mounjettes et tu pourras essuyer la padène. Non, elles crameront pas, cabourd ! Me fas bergougne, une bentade t'a buffé, et, pauvrot, t'es au diable. Et tu vas pas te sanglacer, macaniche, que t'es déjà maigre comme une sarnaille. T'étais pas mieux à tuter les grillons au lieu d'aller dans les écoles. Panou, manotte, t'attendront au pourtanel, au finestrou, ils badent tout le temps, ils font la mine. Baytembay chez tes caraques, ça ray t'es moun mourrou, moun poulinou !

Sous les platanes de Chalabre, en terre d'Oc, on saura seulement un soir d'été, dans le chant des grillons, que Jean Danjou n'est plus. Le sous-lieutenant Jean Vilain prend le commandement.

Par intermittence les Mexicains font des sommations à se rendre. Nul ne semble avoir le loisir ni l'envie d'y répondre. Les réponses, ce sont les fusils qui les crachent et les balles que les légionnaires glissent dans la bouche de leur arme. Le soleil dévore ces hommes assoiffés qui n'ont depuis l'aube avalé que son feu, la poudre et la poussière. Nul espoir auquel se raccrocher ; il reste une brûlante pureté virile, un serment, le panache d'attendre sans faiblir que la mort, l'inéluctable mort les frappe, l'orgueil d'obéir à ce petit sous-lieutenant blond, si mince, à ce Poitevin énergique dont chacun sait la vaillance, il reste la quête du danger : par bravade. Un instant d'illusion lorsqu'au loin un clairon sonne. Saussier et ses grenadiers ? Non, le roulement rauque des tambours mexicains annonce simplement les bataillons d'infanterie de Vera Cruz, de Jalapa, de Córdoba. Chaque minute qui s'écoule met plus de barbarie au cœur de ces soldats ; crever les indiffère, ils se plongent, farouches, dans la très ancienne nostalgie des temps jadis qui sommeille chez l'homme, ils se battent mieux que les animaux car sans peur de mourir. La sueur les inonde et les cadavres puent. L'air fétide stagne sur un corral immonde. On sacrifie sa vie. Que peut-on d'autre sacrifier ? La décomposition du monde s'accélère, la vie perd en ce lieu le savant maquillage que toute civilisation s'applique à lui donner, un haillon de la démente épopée que vit l'humanité depuis les temps premiers vers un morne demain s'accroche à l'hacienda. Le sang est si banal pour tous ces gladiateurs. Vers deux heures, Vilain tombe à son tour comme Danjou en plein corral, en plein soleil ; soldat, fils de soldat, tu as eu deux grandes heures pour affirmer, à ton tour, ta grandeur.

Très loin un empereur fabrique un empereur. A Camarón on lutte. Les fantassins ont apporté de quoi faire des brèches dans le mur est, face aux portes de la face ouest. Les nôtres se tapissent contre le mur sud, dans le hangar en ruine, derrière les murettes. Dans de grands hurlements les Mexicains chargent pour investir ce qui reste du parc à matériel. Les légionnaires abattent au front tout ce qui se présente. Ils ont récupéré les munitions des morts ; la vie explose avec sa cruauté, avec son fanatisme. Il convient d'être dur pour prolonger la résistance de quelques minutes, peut-être d'une heure. Les balles pleuvent sur le hangar, ricochent sur les murs ; poudre, terre, débris divers volent. Clément Maudet a pris la tête de la poignée d'hommes encore en vie. Un vieux brave promu porte-drapeau. Cela suffit à incarner dans le hangar sud-ouest la France, France de folie, France de grandeur. Maudet ne commande en fait plus rien et plus personne. Les derniers combattants ne défendent que les réduits dans lesquels ils sont acculés. Mais c'est un officier, un officier de la Légion, Maudet, le bon Clément, un fils de sacristain !

Les Mexicains ont apporté tout ce qu'ils ont trouvé de paille, de tiges sèches de maïs dans la face nord du bâtiment. Ils y mettent le feu dans de grands cris de joie. Le vent porte au sud la fumée, la canicule est extrême, l'air est irrespirable, les hommes suffoquent mais tiennent.

Aucun ne veut sortir, se rendre, s'humilier. Pantelants, oppressés, ils ne pensent plus à rien qu'à se tenir debout... le feu meurt de lui-même et l'on peut se compter. Compter les fauves vivants. Car les morts ! Les corps des Mexicains obstruent les entrées, ceux des nôtres encombrent le corral dans un vrombissement de mouches bleues. Les vivants, l'écume blanche aux lèvres gonflées, la bouche calcinée, les yeux brûlés, haletant leur détresse, hâves, l'esprit hagard, ils sont douze. La clameur au-dehors annonce la charge ultime. Maudet ordonne à ses derniers compagnons d'armer leurs fusils. Par toutes les brèches les Mexicains se ruent, emportent Evariste Berg, reparti seul près de la grande porte, courent dans le corral enjambant les cadavres. Onze fusils crachent leurs ultimes cartouches puis onze hommes se précipitent, baïonnette au canon. Les autres tirent, Victor Catteau se jette sur son lieutenant pour le couvrir de son corps. Dix-neuf balles le percent et blessent aussi Maudet, cuisse et hanche fracassées. Bertoletto, Léonard, Magnin, Kunassec, Gorski, tous tombent ; trois survivent : Maine Wensel et Constantin, dans un soleil de baïonnettes. « Rendez-vous ! » crie le colonel Cambas. « Oui, mais laissez-nous nos armes, secourez notre lieutenant et nos camarades blessés. » A cela l'officier supérieur répond : « On ne refuse rien à des hommes comme vous. » Et Milan conclut : « Ce ne sont pas des hommes, ce sont des démons. » Captif, Berg écrira à Jeanningros : « La troisième compagnie du premier régiment étranger est morte, mon colonel, mais elle en a assez fait pour que, en parlant d'elle, on puisse dire : elle n'avait que de bons soldats. »

Avril se meurt et je me sens vieillard. Mon âme s'affaisse, cette fois encore je fus de trop. Chacun vit seul sa mort et moi, j'attends la mienne ; la marée haute de la routine me va gagner, me va submerger. Ah, n'être pas Danjou et n'être pas Catteau, n'être rien qu'un regard sur un monde où danse à nouveau l'éternité. Etre condamné à faire semblant de comprendre, scribe, moine, intellectuel, tout déchiré d'orgueil et de lucidité. Je me sais imposteur, je me sais cabotin, mon être se déchire. Je désespère de me sentir toujours inaccompli. Combattants de la Légion, vous avoir vus mourir est ma seule substance !*

III

Ramon Lainé entre, tranche nos liens : « Vous êtes libres. » Libre de quoi ? De m'agripper encore à la comète lente de ma vie laborieuse de journalier de la culture. Le corps gourd, l'âme lourde, je vais vers le corral escorté de Ramon. J'ai tant besoin d'être plus près de nos morts. Les irréguliers se querellent pour les dépouiller, rendus farouchement avides par ce butin sanglant. Les ceintures, les guêtres grises, les vestes aux épaulettes vertes à tournantes garance, les pantalons de toile écrue, les fusils et les baïonnettes, ces véritables petits sabres, tout les fascine ; c'est la ruée pour arracher aux cadavres leurs armes et leurs hardes. La racaille s'affaire. Un de ces chacals a détaché la main de Jean Danjou. Je me jette sur lui, il prend sa carabine, va tirer et s'écroule, poings crispés sur son ventre. Milan l'a abattu d'un coup de revolver. Le colonel vient à nous ; je me penche, ramasse la prothèse, le revolver du capitaine mort ; Milan sourit, Cambas, grand, fin, me dit en un français parfait que ces souvenirs d'un grand chef nous reviennent. La tenue des officiers supérieurs mexicains contraste avec le ramassis de bandits qui les entoure. Dans ce corral sordide ils sont le réceptacle d'un reste de naturelle distinction, de noblesse. Tout n'est que rôle, ils jouent les leurs avec aisance. Et tandis qu'ils s'éloignent vers les blessés que l'on regroupe et que l'on trie, Lainé approche, tenant par les rênes un cheval. Je le remercie, il dit qu'il raccompagnera Inès à Vera Cruz, je monte en selle ; mille regards lourds de haine impuissante me suivent tandis que, lentement, je quitte l'hacienda.

Inès, muette, belle et grave à la fenêtre, voilier sans brise, s'efface à mon regard. Elle sait qu'il est trop tard et qu'il est des hasards qui requièrent les hommes. Je vis ce soir brûlant comme une vraie naissance, je choie l'aveuglement qui me fait m'en aller, à demi messager, à demi vagabond vers le poste du Chiquihuite. Je sais l'inconsistance de ce combat déjà éteint et que Tannhäuser est mort. Mon étoile est grotesque mais je la veux tenir pour riche de clarté dans ma course nouvelle vers le néant. Agir devient possible. Je me crée une charge, je vis d'admiration pour nos soldats tombés. En moi se heurtent les fols tableaux de l'hacienda et ces hommes cassés, toutes ces solitudes. Le galop de ma bête gorge mon esprit las d'un vaste oratorio.

IV

Derrière toi, Guilhem, Paso Ancho, ravine sèche, falaise blanche, vingt Mexicains pendus n'en toucheraient le fond. Au déclin du soleil tu chevauches ; ton chemin, à l'arrière, s'efface. Tu presses contre toi, mi-pantin disloqué, mi-marionnette sainte, ce bois, ce cuir. Au déclin de ma vie, j'ai tes renoncements. Tu t'engouffres crispé dans une course forcenée en complet désaccord avec ce que, jusqu'à ce jour, tu fus ; ta vie explose en une crise folle qui bouleverse une existence, lui confère un sens incertain. Sais-tu que, des décennies plus tard, tu m'arraches à ma vie, tu m'entraînes avec toi. En mon cœur j'ai longtemps conservé — comme un secret très cher — ton entreprise. Mes souvenirs vont s'éteindre avec moi, ton aventure aussi et celle de Danjou et celle de ses hommes. Pour nous tous, il me faut à présent narrer tout ce que furent ces journées qu'un rien, le dernier souffle de ma vie longue, retient dans ma conscience. Le faire, c'est trahir tout ce en quoi j'ai cru, ce que j'ai professé, la vanité de l'être et l'immense illusion qui nous fait respirer ; le taire, c'est détruire tes derniers mots, Guilhem, ce qu'Inès et Ramon et d'autres encore me dirent et aussi tout ce que, depuis mon enfance, j'ai rêvé...

Et puis, je ne sais plus. De ma vie j'avais fait un refuge, une retraite, ma thébaïde. Comme toi, avant de disparaître, la douloureuse envie me saisit de m'interdire de lucidité, de me perdre dans les méandres mensongers de la vie extérieure, de m'aveugler aux apparences. Je veux pour un moment cesser d'observer l'existence, je veux la vivre à travers toi, je veux vivre ta vie puisque la mienne est vide, qu'elle fut une quête, qu'elle touche à son terme et que je n'ai rien su, rien appris, rien connu, toujours exclu du monde, ombre des vivants, de ces hordes de bouffons en quête de chimères, mais de ces bouffons gais souvent, en leur geôle aux transparents barreaux.

Tu te penches pour éviter les branches vives qui si souvent s'allongent dans l'ordre complexe des fourrés où tu caches ta course. Tu arrives à Paso del Macho. En toi chante l'âpre, la chaleureuse, la farouche mélodie de la liberté qui s'achève en sanglot. Au loin se dresse une lourde tour ronde ; elle protège un pont jeté sur un ruisseau sinueux aux berges escarpées. Ce sont là vestiges des premiers temps de la conquête espagnole. Seuls ici les galets et les rochers sont plus anciens. Le capitaine Saussier et sa compagnie de grenadiers occupent cette austère redoute sinon les Mexicains détruiraient le pont pour compliquer encore le ravitaillement des troupes qui assiègent Puebla. Mais Guilhem n'a aucune chance de joindre Saussier ni d'aller boire à l'arroyo. Partout rôdent à cheval des guérilleros vêtus de blanc avec au cou leurs foulards rouges, guetteurs sauvages en leur pays, bien armés de carabines et de sabres, frustes mais mobiles ; Guilhem cherche à les contourner en s'enfonçant dans la forêt, le revolver de Danjou est vide et les juaristes l'auraient tué bien avant qu'il ne puisse alerter Saussier. Il est condamné à se dérober devant ces brigands qui ne souhaitent pas qu'un coup de feu ou que des cris alertent les grenadiers et causent une sortie. Guilhem se mue en félin menacé, guette le moindre bruit, s'éloigne vers le nord, enfiévré par la traque, obsédé par la nécessité d'échapper à ces flibustiers de la forêt. Il ne croit plus pouvoir joindre le Chiquihuite, ce dôme vert qu'il aperçoit au loin, avec, sur son flanc, les lacets blancs. Il veut fuir, ne pas arrêter là son aventure ; gonflé de ses instincts si longtemps oubliés il chevauche sur les fougères, bandant toute son énergie. Et il pense aux légionnaires. Pourquoi ne leur a-t-on pas adjoint une cavalerie ? Comment demander à ces hommes de tenir des voies de communication si longues, si vastes sans ce moyen indispensable ? Il ignore qu'il faudra attendre des mois encore, presque une année, pour que Jeanningros, devenu commandant supérieur de Vera Cruz, réorganise ses bataillons et les dote d'une compagnie à cheval. Le sacrifice de la « Troisième » n'aurait pu avoir lieu, si... mais soudain surgit, narquois, un guérillero, une machette au poing, ricanant devant le revolver muet dont Guilhem le menace. Une brève poursuite s'engage sous les arbres, l'homme rit ; sa bouche n'est qu'un four peuplé de grandes dents jaunes et de chicots ; il le pique à l'épaule et il le sabre au flanc et puis, brusquement vidé de sa haine, il fait demi-tour et disparaît.

De bons esprits, Guilhem, nous expliquent à ravir que nous appartenons à une paterne nébuleuse qu'ils nomment humanité. La douleur te révolte et t'ancre, après ce que tu viens de vivre à Camerone, dans la certitude simple que jamais tu ne pourras haïr la France et, en son sein, ton Languedoc cathare. Adulte, à la recherche, que tu sais impossible, de ton enfance, tu te sais d'Europe, de ses morts et de ce qu'ils nous transmirent de leurs mœurs et de leurs manières. Ta patrie est bien lasse, elle afflige qui l'aime, elle ferait hurler de fureur, mais c'est en elle que l'ailleurs cesse. Plus que jamais ces légionnaires, et Danjou comme aucun, te sont proches. Ils venaient tous de Prusse et de Bavière et de Flandre et de Suisse, d'Autriche ou de Sardaigne et ils venaient de France. Leur patrie, la Légion, reflétait une terre où nos peuples brassés, Alamans, Wisigoths, Celtes, Romains ou Francs, avaient au cours des siècles bâti un Occident dont tu te prévalais. Il est des chiens partout, j'aime les chiens de France.

Du pan de ta chemise, tu t'es fait un bandage mais ton sang goutte sur les rocailles rousses ; ta gorge brûle au feu qui ruisselle du ciel, tout comme la sueur sur ton buste, Guilhem. Cent astres ont fondu leur ardeur et ont su générer ce grand soleil compact. Sous les nuages lourds il glisse ses lambeaux brûlants de lumière, en revêt les broussailles. La roche flambe et sue, Guilhem, comme ton sang. Fuis la plaine en fusion, gagne l'éventail pourpre dont se parent les rocs. Tout ce jour est de sang et d'accablante ardeur.

Tu continues ton escalade, les yeux rivés au blanc mais lointain sommet du Citlaltépetl, tu fixes la chair blanche du vieux volcan neigeux, tu penses à la glace, aux flocons, aux cristaux, tu les veux parfumés, oui tu les veux muguet au grand bois noir des journées mortes. La tienne continue dans une touffeur énorme. Tu te souviens de ton vieux maître, des cumulo-nimbus, des strato-cumulus, des nimbo-stratus... tout un jargon d'école que tu t'appliquais vite à oublier quand, couché dans un pré, tu regardais leurs fluctuations au gré des souffles et que tu les aimais. Les splendeurs lourdes du ciel qui s'assombrit ne t'émeuvent pas ce soir. Tu traverses des essaims furieux d'insectes qui font hennir ta monture, qui se collent à ta peau ruisselante, à la robe de ton cheval et tous ces oiseaux fous aux couleurs éclatantes avec leurs piaillements absurdes, leurs criailleries continuelles te font hurler le front. Seuls les oiseaux de proie décrivent lentement leurs cercles mais leur vue ne t'est pas une consolation et durcit ton regard.

Les lourds nuages t'enveloppent d'une épaisse vapeur noirâtre; tout s'estompe à tes yeux, la montagne, le ciel et la vallée. De violentes bourrasques se déchaînent et font ployer les branches dans de grands craquements. Brusquement l'eau s'abat. Les éclairs courent, minces flammes, mains vides de grands spectres qui blanchissent le ciel et le tonnerre roule, se fond dans son écho. N'était le râle des arbres et des taillis, toute vie semblerait éteinte; compagnon de toi-même, tu vas dans les rafales, tes horizons noyés, mais ton cheval trop souvent bronche et se cabre parfois ; tu cesses alors d'aller vers les hauteurs. Tu attaches les rênes à un solide tronc non loin d'un vaste rocher plat et puis tu t'y allonges, yeux clos mais bouche ouverte, buvant la pluie violente, heureux de savourer l'éclipse des pensées pour un sommeil que tu voudrais sans rêves. En toi se glissent les contours ruisselants d'une maison natale où, aux soirs d'août, tu aimais à compter les grondements coquets d'un tonnerre joli et tu battais des mains lorsque ton doux grand-père te promettait pour l'aube des moissons d'escargots sous les feuilles cachés. La pluie tombait, mélodieuse, apportait la fraîcheur dans les chambres obscures, mettait selon les soirs allégresse ou tristesse en ton cœur et puis on attendait devant une verveine l'heure où se terminenait un jour harmonieux. Tu rêves de châteaux crénelés, de montagnes au sol écartelé jonché de crânes blancs, de gros dragons ventrus versant leur sang sur l'herbe avec, fiché au flanc, un épieu de géant. Au loin sur les collines, c'est Inès qui sourit sous un long hennin bleu et qui te tend ses mains ruisselantes et tièdes, à toi qui ne peux pas la prendre dans tes bras.

V

Est-ce le fourbe assaut des maringouins qu'enhardit ton corps ensommeillé et livré en pâture ou le pullulement des fourmis qu'enivre ta blessure ? Tu t'éveilles, Guilhem. Et la pluie, apaisée, lave tes chairs sanglantes ; au creux d'un rocher tu puises dans tes mains l'eau fraîche et tu t'abreuves ; pour ton cheval aussi, tu trouves dans les rocs l'eau qu'il lampe à grands traits. Tu le bouchonnes de ton mieux mais rien n'est sec en cette nuit obscure. Tu chevauches sur la ligne des crêtes, tu vas vers l'est, renonces au Chiquihuite, un désir naît en toi de revoir Vera Cruz ; tu me reviens, Guilhem, moi qui, enfant, depuis des mois, adore ta présence, tes mots, ton sourire et l'amitié que tu me portes. Ta lassitude est grande, tes pensées sont confuses. Tu t'en vas dans la nuit au lent pas machinal de ton cheval fourbu et tu songes et tu rêves.

Au fond de moi, ce lac noir de tristesse, même si par le rire au plus grand nombre je le masque. Oh, être sans mémoire ! Détruire dans son front la souvenance du permanent retour des actes et des choses, oublier la menue ritournelle des gestes, succédanés de vie. Aujourd'hui est hier, demain encore hier, mais un peu plus fané, un peu vieilli. Avoir la clairvoyance de se sentir chaque matin inapte à vivre sauf à ne rien voir des choses de la vie. Se bloquer dans l'instant, s'absenter de soi-même, n'être plus qu'une bouche qui mord dans un fruit. Je me suis tant battu pour garder de l'enfance sa candeur, son ignorance. J'ai tant voulu rester fidèle à l'enfant que je fus et que je ne suis plus, dont plus jamais je n'aurai l'innocence.

La transparence de l'enfance et les rires diaphanes, la force de jouer, de courir enivré du vol des libellules, d'ignorer le mensonge, de ne savoir qu'aimer, tout attendre de l'autre, du père ou de la mère, être la pureté, la grâce et la tendresse. Un jour on dissimule, la transparence est morte. L'âme et le corps se voilent ; dès lors s'amorce la montée lente en l'être de son opacité, on n'est plus, on rêve d'être, de s'arracher à ce qu'on fut, on veut grandir, changer, apprendre. On ne vit plus, on se dégrade, on se perd, se dilue, ne peut se retrouver ; on tâtonne, on se cherche, jamais ne se rencontre. Et les plus courageux, à vouloir contenir la déchéance de leur être, se figent, s'attachent à singer ce que naguère ils furent. On n'est pas, on devient. On veut être la mer, flot immobile et lourd dont seule la surface frémit au gré du vent. Mais vieillir est déchoir, inéluctablement. Et si, longtemps, on offre au monde une même façade, on sait bien que tout craque en son corps, son esprit, que l'on n'évolue pas, qu'on s'altère et se gâte ; un jour, un clair matin clame en nous la défaite. L'amour des cimes est mort. Il reste les ténèbres. On y marche sans peur, l'âcre orgueil de savoir gomme un moment la détresse des sens. On glisse lentement dans le flot des sursitaires de la mort, sans même avoir le vol léger des éphémères. Chaque seconde meurt, semblable aux précédentes, anodine.

Si brusquement Danjou, dans la main que je porte, ton bras gauche se venait glisser, si tu me revenais, tout comme hier matin, mutilé mais vivant, debout parmi les autres, tu combattrais le temps, ta vie durant, sans espoir de victoire. Tu reviendrais t'asseoir un doux soir à Chalabre, tu finirais ta vie dans ta patrie-prison ; assis sur ton balcon tu sentirais tes membres et tes os et tes muscles et jusqu'à tes tendons, tous tes organes enfin décliner lentement, tu reverrais ta vie et toutes ces campagnes. Ton esprit vieillissant irait s'en repaissant. Ta victoire, Danjou, dans le corral au grand midi, tu l'as vécue par ta mort. Elle a donné un sens à ce qui en manquait, tu sus te surpasser, t'arracher à la glu, faire à partir de rien s'épanouir une fleur de fierté, refuser le mystère d'une date arbitraire, celle de ton décès. Et parfois flotte en moi un illusoire songe que j'aime à conserver : et si ces volontaires avaient confusément, entrant dans la Légion, senti que vivre est beaucoup plus futile que mourir, qu'un homme ne doit guère fuir sans cesse la mort mais bien marcher à sa rencontre ? L'aiguillon de leur vie ce fut la mort peut-être, pour eux et puis pour toi, Danjou, qui étais bien des leurs.

J'ai un respect immense pour ces milliards de mains de femmes qui ont su chaque jour protéger les vies de leurs parents, de leurs maris, de leurs enfants. C'est une tâche merveilleuse. Elle touche à l'instinct le plus profond des êtres ; son sens me demeure étranger et lorsque je me plie à cette loi humaine, que je m'impose de respecter ce dogme, de flatter cette foi, j'assoupis ma conscience pour cultiver longtemps ces mille solitudes qui bien souvent me donnent des regrets. J'ai mal, Danjou. A chaque instant. Une branche évitée, le moindre mouvement, me fait sentir ma hanche, mon épaule blessées. Ma souffrance m'enferme en moi-même. J'ai traversé tout à l'heure un village, une rue longue avec au bout une église de pierre et un cimetière. Je n'y ai vu absolument personne, aucun être vivant. C'était un beau village. Et je vais dans la nuit qui s'étoile, parce que je l'ai voulu un moment ardemment. Je sais très bien qu'un jour ton souvenir sera réduit à deux dates gravées sur une pierre puis que tu rejoindras nos aïeux dans l'oubli dès qu'aux morts frais il faudra faire place. Alors pourquoi aller ainsi vers l'aube ? Par jeu, Danjou ! J'ai mal par jeu, j'en ai fixé les règles, je vais les respecter. Le mouvement en est une, vois-tu, et aussi accepter l'incohérence, l'absurdité, le pathétique de mon entreprise. Les clercs se gaussent volontiers des gens qui marchent. Il est vrai que les clercs se gaussent fréquemment dans leur stérilité. Le temps de mon action, je défierai le monde, je veux nier la gluante mouvance de l'existence, plus je me sais précaire, plus je veux flamboyer ; une dernière fois ? L'écho meurt de mes mots, de mes rêves, et je scintille seul sous le ciel. Face à moi une aube s'apprête, celle d'un jour nouveau qui refera grouiller la vie de par le monde. Dans cette profusion, dans ce foisonnement, dans cette luxuriance, je porterai le grand drapeau des solitudes. De la tienne, Danjou ; et je la dis au vent qui féconde la plaine.

VI

Les griffes des ténèbres s'alanguissent, tandis que par degrés la nuit recule, s'efface lentement avec une exquise mollesse. Seul un hibou, l'aigrette triste, pleure en un cri lugubre sa fin prochaine aux doux accents du bruissement des feuilles. La nuit soupire. Dans la brume légère, des bouquets de troncs sombres strient un ciel indigo où, entre les feuillées, frissonnent encore les étoiles. Une mouillure de rosée n'apaise guère la brûlure en ton corps. Déjà dans les clairières le silence exprime l'indicible, l'aube apporte une blanche clarté, un vent nouveau entraîne, qui sait où, une feuille tombée. L'odeur mouillée de l'humus brun partout s'exhale de la montagne vivante et triste; en toi, en ton corps douloureux, en toutes tes déchirures, naît un délire insensé de liesse. Le monde est séduisant comme un buste de femme. Le vent frais a mis la brume en fuite et dégagé le ciel. Tant de verdure aux branches, tant de mousse aux rochers. La montagne violâtre bleuit au loin. Tout est rêve de paix, sérénité; s'allonger là, y dormir, y mourir; la palette du monde est si riche et si douce, la soie des camaïeux est verte, grise ou brune ou bleue. Te voilà rejeté sur la grève de la vie; douceur d'être au sein même de la douleur d'exister, faut-il donc accepter même le désespoir, rire de tout ce qu'on méprise, jouir de cette souffrance qu'est le vivre et se laisser bercer en regardant dans le lointain la plaine. Chaque matin la terre, trempée d'aube, courtisane indolente, langoureuse, si belle, s'offrira. Tu te sens indolent, timide, ébloui comme aux temps de jouvence lorsqu'au jardin des fenêtres venait fuser le rire cristallin des demoiselles. Te noyer dans un rêve, écouter le murmure de la source légère, laisser monter en ton être la lumière d'un autre jour. Tout est en place dans ce monde. Toi aussi.

Sur ton cheval fourbu, dévale le versant qui mène aux ruisseaux blancs, va sur les feuilles mortes, enfonce-toi dans la mata vivante, vois ces cactus géants, ces agaves, ces palmiers, ces lataniers; cueille l'orange et la dévore, regarde donc aux dragonniers énormes couler le sang-dragon. Tout ici est surabondance et les daims s'y égarent, et un troupeau de pécaris qui prend vite la fuite quand ton cheval hennit. Les colibris s'enivrent du nectar des fleurs. Ils chatoient, pétales rutilants; sous le soleil, ces êtres minuscules recèlent la vie, ardente, frénétique, et les perruches se querellent gaiement sous le regard perplexe d'iguanes or et vert, qui vont, griffant les branches, tirent nonchalamment leur langue épaisse et disparaissent enfin dans les fourrés. Le vent d'ouest fait ployer les palmes riches quand tu t'arrêtes sur la pointe des rocs d'où tu peux dominer les collines et la plaine, le vent joyeux dans tes cheveux.

A faible distance, un plateau dénudé t'apparaît, non loin de La Joya, redevenue en ce matin un clair ruisseau ; des centaines de Mexicains vont et viennent, enterrent des blessés qui sont morts cette nuit. Milan est parmi eux. Hier c'était Camerone.

Au côté de Guilhem se dresse un if splendide, mince de tronc mais de vaste et épaisse ramure. Et tandis que, consterné, saisi au cœur par le souvenir qu'il porte du combat, Guilhem regarde le camp mexicain en silence, le cheval affamé se repaît des feuilles mi-luisantes, mi-mates à sa portée, il dépouille de fins rameaux vert tendre, se délecte, s'agite, arrache son cavalier à sa réflexion. Guilhem rit et tire sur les rênes pour éloigner l'animal de son festin. Il se souvient de ce qu'enfant on lui disait, de ces arbres des morts dont il ne fallait ni choisir l'ombre pour quelque sieste, ni dévorer les baies, ni mêler le feuillage au fourrage des bêtes. Et puis, les larmes aux yeux, il laisse son cheval poursuivre son orgie, ravit les petites baies rouges, les mastique, les mange avec application, il se dresse sur ses étriers, saisit tout ce qu'il peut et il mâche avec soin, pense au culte des morts, aux Anciens, à la guerre, à Danjou, à Vilain, à Maudet et aux leurs, il pense à Inès, à lui-même, Guilhem, et puis, d'un geste brusque, il tourne sa monture vers Camerone et galope sous les dômes feuillus, les minces lianes semblent tresser pour lui des guirlandes de fleurs.

La Trinidad. Le soleil frappe plus peut-être qu'hier. Une puanteur fade enveloppe l'hacienda. Ses murs en ruine, couverts d'impacts de balles, enserrent pieusement un corral de cadavres. Il en est au-dehors. Hier les Mexicains ont dégagé les portes, commencé de creuser des fosses, le soir venu, regroupé les blessés ; ils les ont emportés vers La Joya ; aucune sépulture encore pour les morts du combat. Ils gisent là, par centaines les corps sont demeurés tels que la mort les a saisis, simplement dépouillés de tout ce qui aux yeux d'avides survivants présentait un attrait. Aucune arme en état, plus aucun uniforme, ces morts à demi nus reposent abandonnés. Alentour, des chevaux aux bouches ouvertes, gigantesques et découvrant d'énormes dents, jonchent aussi le sol de Camerone. Dans le corral, des fleurs de sang séché noircissent la terre et les blessures horribles. Les yeux encore ouverts regardent le ciel vide et le violent soleil qui va sa course lente et fait gonfler déjà ces multiples charognes. Où sont ceux que tu aimes ? Les crocs ensanglantés des coyotes accourus qui font ripaille, arrachent de grands morceaux de chair, et puis s'en vont, grondant, les dévorer au calme. Des disputes éclatent pour un biceps volé ; ils courent alors, se harcelant, la gueule ouverte, dans des grondements rauques, puis cessent brusquement, retournent au charnier. Car de lourds oiseaux noirs, hideux, les zopilotes, guettent sans cesse le moment de voler leur pitance. Ils ont des têtes plates et chauves, des cous pelés ; ces charognards fixent leurs proies de leurs yeux mornes et d'un battement d'ailes dansent d'une murette au corps, du corps à la murette selon que le coyote s'éloigne ou bien revient. Ils sont si laids que les « loups aboyeurs » paraissent presque beaux avec leurs pattes longues, leurs pelages touffus, grisâtres et jaunâtres, mêlés parfois de brun. Les couleurs de leurs poils sont celles du corral. La vie y continue avec ce bal odieux et éternel ; coyotes et vautours depuis des millénaires vivent ainsi de proies vivantes et de proies mortes dans le bourdonnement des mouches et des guêpes qui participent aussi à l'immonde festin.

Guilhem ne peut plus supporter cette vision d'horreur, ces corps déchiquetés, ces visages amputés. Les lèvres disparues et les rictus macabres et les joues arrachées, les entrailles étalées et les bêtes qui déchiquettent et qui s'acharnent. Il ramasse des pierres, les leur jette en criant, prend une baïonnette tordue, hagard et dérisoire au milieu du corral, grotesque combattant. Alors il hurle au vent un long cri de défaite et, ruisselant de sueur, il quitte l'hacienda.

VII

Il va vers Vera Cruz, tout agité de fièvre, frissonne à chaque pas de son cheval harassé, cherche les taillis verts dont l'ombre est maigre, auprès des mares où stagne une eau croupie qui se corrompt. Le ciel est âpre, l'air tremble. Pas un nuage. Il va vers sa tanière, oppressé, haletant, occupé à ne pas céder aux blancs vertiges qui l'assaillent et puis qui l'abandonnent à son accablement. Et il s'attache à se couler dans le silence que rythme le pas lent de sa monture lasse. Il attend du silence comme une mélodie où les douleurs s'enlisent, comme une fraternelle compassion. Le silence l'attend. Arrive Palo Verde, maigre village bas aux quelques maisons plates, sans étage et sans toit. Pour le reste, huttes de terre recouvertes de chaume, pauvres murs en torchis, clôtures à l'abandon. Le soleil écrase ce hameau tandis que le vent joue avec la poussière du chemin de pierraille. Toute vie semblerait éteinte en la bourgade, n'étaient quelques poulets blottis à l'ombre d'un mur blanc et des papillons d'or ou de feu ou d'étrange diaprure.

Surgit soudain tout un attroupement de paysans, de paysannes, de vieillards burinés et d'enfants bistre qui crient leur haine du gringo, du « Blanc », du Français. Ils ont l'instinct infaillible de haine, pas d'une haine fière où se concentrerait toute leur énergie, une haine ouverte certes mais très vague, bruyante, bavarde, une haine de manants, une haine sans risque, une haine de lâches. Bavant leurs cris de leurs gueules tristes, forts de leur foule, dangereux comme toutes les majorités médiocres, ils ramassent des cailloux, des dizaines de pierres qu'ils lancent sur Guilhem. La foule est une chienne dès qu'elle perd ses chaînes. Et s'ils sont maladroits, parfois pourtant ils savent faire mouche. Sur le crâne, le dos du cavalier s'abat une volée de caillasses ; le cheval veut se mettre au galop, il hennit, il se cabre, Guilhem le contient à grand-peine. Il lui paraît qu'une entente est possible avec ces êtres-là pour peu que l'échange soit de coups de fusil et que ce serait sans doute faire beaucoup d'honneur à ces pourceaux, à ces caponnes. Durement lapidé, meurtri, la tête en feu, il traverse sans hâte Palo Verde en furie et ses blessures saignent. Il fait ce qu'il se doit. Il redresse son corps, prend une allure fière, sa conscience s'exalte et lorsqu'un pleutre entreprenant approche de trop près la main de Danjou, il prend sa bourse, en tire quelque argent et le lance aux haineux, compte dix pas, se retourne et les voit affairés, le nez dans la poussière, se battant pour garder dans leurs mains une pièce, que dix poings envieux cherchent à leur arracher. Debout auprès d'un mur se tient une fillette aux yeux vides et las ; elle observe Guilhem qui s'attache à lui sourire ; la bouche de l'enfant, elle, ne frémit pas.

Les sabots du cheval, pesamment, fendent la glaise rousse. Comment jamais admettre que l'on puisse imposer à ce complexe agencement de muscles qu'est un corps une volonté forte quand tant de processus subtils en ont raison ? Mémoire de ton corps, Guilhem, qui sait qu'il souffre, qu'il n'est que meurtrissure et que plaie, quand tu feins, toi, de l'ignorer. Et tu regardes avec dédain mais avec crainte les rameaux flasques des poivriers.

La souffrance modère le cours du temps, elle se fait sentir seconde après seconde à chaque pulsation de ton cœur, à chaque gonflement de ta poitrine, à chaque trépidation, chaque cahot, elle hurle en toi. Tout t'est douleur, ton cœur rugit. Dans l'infinie indifférence des êtres et des choses, l'homme est torture vive, au mieux discontinue. Tu te sais supplicié de l'existence ; ton supplice est simple goutte d'eau dans le fleuve permanent de douleur qui coule infiniment depuis que sur la Terre des êtres naissent, vivent et meurent, qui toujours coulera. Tous ces milliards de nerfs irrités, harcelés, excédés, que l'on ronge, que l'on tenaille, qui se rebellent, tous ces sanglots, tous ces appels. Et simple cavalier d'une immense croisade, chaque instant de douleur te fait devenir toi. Par tes faiblesses à peu près surmontées, par ton courage, tu deviens l'homme que tu seras. Tu hales après toi des steppes de souffrance. Tu vis, Guilhem, tu enfantes ta mort.

Il est à El Sordo une petite église de bonnes pierres, aux murs épais, au toit de tuile, avec large portail, cloche de bronze, fenêtres étroites et sol dallé. Ton cheval exténué t'y transporte, Guilhem, et ses pas titubants font osciller ton corps qui défaille. Une oasis vous dérobe au soleil, à sa brûlure, à sa lumière. Ta chair, dont s'esquive la vie, ne se fait plus sentir que dans de brefs instants, quand tu dégorges ou quand ton cœur chavire, avant que détendu, amolli, tu ne t'écrases sur le sol de l'église où tu restes prostré.

Un long moment s'écoule, tu ouvres tes paupières et devant toi se dresse, dans la pénombre, un homme aux longs cheveux couleur de chanvre, moustachu et barbu avec un nez très droit, les yeux baissés vers toi, bras écartés, mains ouvertes, tout vêtu de lin beige très savamment drapé. Derrière lui, un ovale blanchâtre qui par endroits se dore de façon incertaine. Et tu souris, Guilhem.

Non, je ne te crains pas, égérie ambiguë de tant de dictatures, avatar démodé de tant d'autres fantoches, fruit de l'angoisse humaine qui ne t'adore que pour se structurer, se muer en espoir. Imposteur placardé dans la moitié du monde, nul ne croit plus en toi que par commodité. Ce serait me trahir que de croire un instant aux vertus curatives de ta parole tiède. Et puis je viens trop tard. Il n'y a plus de dieu. Je ne puis insulter qu'une image fanée. Qu'il est triste de ne pouvoir user du vieux blasphème ! Comme il m'eût soulagé !

Partout fleurissent les amulettes et tu dois te

trouver à l'étroit dans ce ciel d'aujourd'hui jonché de dieux de race pure et puis de dieux bâtards, comme ceux qu'au Mexique les prêtres ont créés, dieux métissés de Jésus et des idoles aztèques. L'imagerie indienne s'en trouve satisfaite. Les rites changent mais les fois, apaisantes absurdités, sont aussi lentes à mourir qu'une espèce animale. Des siècles d'agonie. Et le divin s'adapte et l'homme l'envahit, quand tombe un monde en décadence. Dans l'immense prison de l'univers, les êtres vont, donnent à leurs affres des formes. Tout finit en commerce.

Exilé de moi-même, je suis un hérétique pour toutes les religions, celles qui se donnent pour telles et puis celles qui se maquillent en doctrines, en systèmes, en régimes. Si je suis humilié, ce n'est que par mon corps et sa souffrance fauve. Mon seul regret : traîner ce corps qui se rebelle. Mon moi est périssable. Je crois pourtant en lui. Il n'est pas d'absolu. L'univers sourd perdure et laisse les humains s'enivrer des idéologies de leurs époques pour lesquelles ils assomment, ils massacrent, ils poignardent, ils lapident, empoisonnent, exécutent, immolent, décapitent, égorgent, écorchent, étranglent, fusillent, ils éventrent, empalent ou arrachent les cœurs aux poitrines fumantes, les tendent au soleil. Et puis quelle importance ! Car très vite ils peignent leur histoire aux couleurs de l'amour et de la liberté.

VIII

Qu'est-ce donc qui m'agit au bord extrême de ma vie ? Tout est borné en moi et seule ma souffrance ne connaît nulle borne ! Au paroxysme des douleurs, il est une flèche vivante qui perce en mon cerveau. Marche, mon bon cheval, mon frère d'agonie. Je te tiens par la bride et marche à ton côté. Il faut tenir encore, tiens, jusqu'à la passerelle, ce n'est plus rien ma foi, cent pas, cent vingt peut-être. Allons, mon bon cheval. Tu t'arrêtes et tu tombes, que sont ces convulsions ? Tu trembles, tes pattes se raidissent et puis ton œil s'éteint, pupille dilatée. Tu m'abandonnes ! Nous sommes des salauds. Et moi je t'abandonne aux becs des zopilotes qui tournoient lentement en larges cercles et qui nous guettent. Je suffoque et je marche. Tu com-

prends..., pour Danjou ; sa main est lourde et frissonne de fièvre. Tout ondule et poudroie et je bois ma sueur qui se mêle aux larmes d'insomnie. Le vent est fou, Danjou, l'air est fou, l'herbe est folle. Mais nous irons tous deux au flanc vireux de l'Atlantique, mes doigts sont morts, le monde me rejette et tout mon sang charrie des épines de feu. Je vais...

La Soledad a une auberge. On y voit surgir, titubant, un être disloqué, automate expirant, vêtu de noir et des lambeaux sanglants d'une chemise grise. C'est gentil, Soledad : des murs bleus, des murs rouges, une église de bois enduite de chaux blanche. C'est gentil et c'est vide. Les hommes l'ont quittée pour suivre à La Joya leur chef de guérilla, Donaciano Perez. C'est quelqu'un, Donaciano ! Le mois dernier, au camp de La Loma où dormaient les familles d'ouvriers construisant une ligne de chemin de fer, il a, avec ses scélérats, massacré les hommes et les enfants, violé puis éventré les femmes et pétri la farine du boulanger français en y mêlant son sang après l'avoir, parmi les rires, découpé en morceaux, à la machette. Ça motive les hommes ! Ils sont à La Joya avec leur chef et le village est vide.

En la « cantina » le silence, entrecoupé des bâillements des chiens dont le poil part en plaques. Ils sont deux, maigres et fielleux, regard mauvais, sournois, queues basses, tout prêts à esquiver les coups et le bâton ; ils guettent quelque relief de repas mais les reliefs sont rares et les coups plus fréquents. Affalées sur des bancs, quelques épaves vieilles et qu'agrippe le temps. Elles attendent. Elles ignorent ce qu'elles attendent. En leurs yeux vides on croirait lire quelque mélancolie, quelque conscience des pesanteurs de l'être, quelque effort pour résoudre une complexe situation. Mais ils ne sont qu'usure et de leurs mains qui tremblent ils saisissent leur verre de mezcal et puis boivent d'un trait ce qui reste de liquide lorsque la table et leur chemise ont prélevé leur dû lors du déplacement. Ils font une toilette interne à l'alcool pur. Leur moustache est humide. Ils sont là, effondrés sur leurs sièges, tandis que leurs compadres étalent l'entrelacs mystérieux de rides et de poils qu'est leur visage sur les planches de la table où stagnent des flaques d'eau-de-vie à l'odeur ambiguë. Au-dessus d'eux le temps oscille. Entre leurs paupières mi-closes filtre un regard absent. A la périphérie d'un crépuscule d'hébétude, leurs ruines cherchent un seuil, un accès. Entre eux l'opacité d'un silence poisseux.

Dans la pièce voisine Dolorès et Rosa ont emporté Guilhem. Le hasard leur a fait don d'un bel enfant adulte, à soigner, à aimer, à posséder toute une nuit. Elles l'ont dévêtu ; bien à l'abri des commérages, Dolorès rit et Rosa glousse. Elles activent leurs corps lourds et tandis que Rosa, plus jeune et plus bornée, chantonne une romance molle d'où s'épanche un bel amour sucré et d'humides sanglots, Dolorès se dandine, ourse lisse, maternelle femelle ; elle lave Guilhem, ses plaies et son visage avec des tissus propres qu'elle a tirés du coffre et qu'elle trempe dans l'eau tiède. Par touches appliquées, touches techniques, touches aimantes, elle nettoie, patiente, avec des gestes aussi précis que tendres. Et pendant que Rosa va jeter au-dehors les cuvettes d'eau souillée, elle écrase ses hanches et son ventre contre la table, se penche sur le blessé, laisse plomber les globes énormes de ses seins sur ce moribond qu'elle regarde, si neuf, si jeune, sans passé, sans enfance. Elle est mère, elle est femme, elle sait qu'il a soif, qu'il a faim, qu'il a la fièvre, qu'il est blessé, qu'il n'est que meurtrissure et ses fréquentes nausées le disent empoisonné. Et, tout à ses instincts, elle prépare ses tisanes et ses contrepoisons et ses philtres d'amour : l'huasco macère dans l'aguardiente, elle souffle une bruine d'alcool sur toutes les jointures et articulations du corps vaincu. La nuque et les épaules, les hanches et les genoux, les chevilles et les coudes savamment rafraîchis, il semble moins souffrir, être plus détendu. Et Dolorès, qui sent très fort l'alcool de canne, murmure des paroles habitées d'indécente tendresse. La nuit venue, sur la terre battue de la chambre embrumée, ayant retiré leurs robes de coton, sous le regard béat des images de saints qui aux murs les contemplent et de la Vierge de Guadalupe, Dolorès et Rosa dansent nues au rythme langoureux d'une musique absente, dans la clarté fragile de chandelles en pleurs sur leurs bougeoirs de métal noir, sous couvert d'arracher à ce corps pâle l'esprit du mal qui encore l'habite.

IX

Est-ce vraiment l'effet de ces bouillies étranges mêlées avec l'écorce du quanenepilli ou celle du peyotl, Guilhem, enfiévré mais lucide, a bu le pulque, presque frais dans son outre de cuir, le miel d'agave et une tequila. Les femmes l'ont gorgé d'atole et de tortillas et de tamales et de buñuelos. Il dort sur la petate, natte de paille par Rosa déroulée.

Jules, grand-père humble et doux, ton jardin m'est refuge ; tu vis tes jours passifs au rythme lent des saisons calmes, lorsque l'été se perd, en l'éclat mauve des passeroses, ou que l'automne naît dans l'écrin de pourpre velouté des amarantes, dans celui des violiers, dans l'or riche des chrysanthèmes. Je guette les vifs lézards, tout palpitants d'inquiétude, tout prêts à se glisser dans les crevasses du muret où croît la pariétaire ; caché dans le figuier, je prends la figue molle, la pèle avec grand soin puis mords dans le fruit blanc pour, en ma bouche, faire éclater sa tendre et rouge chair sucrée ; j'écrase dans mes mains le feuillage léger du doux fenouil, hume son odeur enivrante, anisée, m'emplis de son arôme ; ou bien je broie la menthe ou gonfle mes poumons de l'odeur de verveine. Je joue dans les mufliers et j'en cueille une grappe et j'anime ses fleurs jaunes ou purpurines. Et toi, sous les lilas, tu crois à l'innocence des lamiers blancs, caresses les fleurs bleues de la bourrache aux tiges duveteuses et, lorsque vient la nuit, dans le silence, c'est à peine si nous pouvons entendre la figue choir dans les œillets.

L'ombre s'est faite cramoisie, les bulbes gris se boursouflent, en jaillissent cent palmes et des lis pourpres aux menaçants pistils, aux ardentes étamines. Elles viennent à moi avec leurs lourds troncs bleus, leur chevelure d'où me regardent mille pupilles blanches par lesquelles me saisit un soleil douloureux, au creux d'un pavot bleu que soudain enveloppent des pétales de feu quand au ciel fuse la vulve riche des iris noirs. Le teint cireux de pèlerins vêtus de bure, narines dilatées en gouffres sibyllins dans ces faces percées de rides, aveugles, bouche ouverte sur de sanglantes chairs et les masques rosâtres de nonnes cauteleuses perdues dans l'apparente abnégation de leurs sermons muets, tandis que de gros garçons chauves hurlent une ronde furieuse où claquent les galoches ; ils rient des verdâtres ménines avec leurs yeux perçants, leurs bouches absentes, leurs mains griffues, leurs faces disloquées, leurs corps informes et qui se contorsionnent et puis soudain se figent, raides épouvantails sous leurs chapeaux à bord plat, perdues, inexpressives et qui deviennent floues et se dissipent en longues fumées grises. S'amorce la pavane de longues femmes nues aux corps pâles et fins, sertis de pierreries, aux lèvres tristes..., et puis blondes et qu'on voudrait saisir et qui s'évanouissent en vous tendant une main gracieuse et désolée et qu'on ne verra plus et qu'on aurait aimées. Et de grands chevaux fous galopent dans la plaine à la lueur bleutée de cierges vacillants et portent des hommes décharnés couronnés d'or, orbites vides, nuques brisées. Dans une jungle épaisse surgissent les tristes compagnons casqués de siècles morts. Grande compassion se lit dans leurs regards ; leurs lèvres aux plis amers pleurent dans l'ombre dentelée où lentement se perdent des souvenirs flétris. Aux corbeilles éclatent les richesses, dans les épis de blé, de grappes sombres, de lourds melons que narguent les groseilles, les poires et les maïs, les cerises rieuses, les figues graves et les joues duveteuses des pêches d'or. Et Inès me sourit sous un éventail noir, tout de dentelle, masquant à peine son sexe noir et ses hanches et sa chair ; son sourire est si triste, candide volupté de ses seins blêmes, de mauve aréolés, deux âmes lentement à regret se démêlent. Noir ellébore, je vous aimais. Ou bien j'aimais auprès de vous ma solitude, et mon orgueil, et vos richesses.

Comme herbes folles au vent livrées, nous vînmes sur la rive d'un océan pour nous unir et pour nous perdre. Un vent de haute mer nous mit des rides, fana nos fleurs et ternit nos verdures. Autan blanc, vibrante transparence, tout à tes turbulences, tout à tes violences. Quand la chouette ulule, tu fais danser les hommes fous et ondoyer la plaine, tu sculptes les rochers, tu fais ployer, au val de la Durenque, les bouquets d'amourette avec la folle-avoine et les coquelicots qui t'abandonnent leurs pétales...

X

Au clair matin, Guilhem, tu quittes l'auberge et marches vers Vera Cruz au long de la Jalapa. Tes blessures te sont lumière, tant le lever du jour est nimbé de fraîcheur. Tu te grises d'azur. Trois jours, tu auras eu trois jours, bien à toi... mais soudain un parti de cavaliers armés t'entoure et te menace. Leur chef est un vieux roc à l'ample barbe blanche, en dolman rouge à tresses noires, aux manches ornées de galons d'or dont le dessin, en nœud hongrois, atteint l'épaule. Il trouve étrange ce jeune homme épuisé avec, sur ses côtes pressée, la main de Jean Danjou. Et tu expliques ta présence, Guilhem, tu dis faire partie de cette commission scientifique, section archéologie, que l'empereur a envoyée sur les terres qu'il destine à Maximilien, tu leur dis Camerone, la mort du capitaine et que, de la troisième compagnie, quelques blessés demeurent aux mains du colonel Milan et tu dis vouloir gagner Vera Cruz... Et le vieux condottiere te fait remettre un cheval sur-le-champ, il te dit d'éviter Medellín — son alcade est un traître, faux allié des Français — et le sombrero gris s'éloigne avec sa troupe.

Tu vas, enveloppé de douce indifférence, vers ce ciel rose et froid et les heures s'écoulent, pâles et lentes, si lentes. N'étaient les zopilotes au ciel, ton âme lasse, tu serais presque heureux, Guilhem, à suivre la rivière qui bruit très doucement et trace ton chemin. Tu jouis de ta douleur en chevauchant parmi les dunes, tu l'épouses parfois dans de grands éblouissements, le vent est si léger, le matin un sourire. Comme en ton Languedoc, le soleil est si tendre! Il manque la bruyère, les senteurs des tout petits buissons de thym et les ajoncs, un amandier ou d'odorants sureaux non loin de la rivière, des asphodèles blancs, des iris des garrigues jaunes ou violacés, il manque aussi tout un monde menu de pâquerettes des prés, de boutons-d'or, de vers luisants et d'églantines. Tu rêves des vastes ombelles aux petites fleurs jaunes de ton fenouil sauvage, des tons fauves des vignes aux ceps noirs, des ronces et des mûres, des platanes au long d'un canal calme où s'arrêtait le temps.

Et dans le clair ruisseau où se baignent en riant trois jeunes filles, tu captures un instant, tu captures une image, quelque chose comme une ultime poignée de bonheur.

L'océan. J'arrête mon cheval et, tout en haut de la dune, dans la grande lumière blanche, mon enfance murmure en moi des mots clairs comme des ruisseaux courant sur le granit : Gijounet, Villegoudou, Januque... Mais il est bien trop tard. Il reste encore à faire ce dont je me suis chargé. Ce long prolongement de ma volonté pure, au-delà de mes forces, cède au désir de mourir qui doucement m'étreint. Mon dernier jour, sous l'horizon. Comme un cristal qu'on brise quand chante encore en moi la complainte de Camarón. Près du rivage je vois des îles, celle de San Juan de Ulúa par où je vins sur cette terre, celle des Sacrificios où jadis les Indiens immolaient des hommes grands ouverts, tous amputés du cœur, leurs victimes. Aujourd'hui cimetière. Le monde m'est un cimetière.

Vera Cruz, que Cortés jadis fonda, qu'es-tu donc devenue ? Le vomito negro t'accable ; il te tue ; ville vide, ville triste. Nul ne va par tes rues. Sur les murailles, si je vois des créneaux ce sont les zopilotes, les princes de la mort, sacrés aux Mexicains comme l'ibis jadis sut l'être aux Egyptiens. Vera Cruz, cité sans toits, pleutre reflet d'une vie pleutre. Je vais mourir ici. Il reste Vera Cruz quand passe Camarón ! Au point dernier des lassitudes, je m'acquitte sans joie de ces ultimes pas, mon épisode s'achève dans le néant.

XI

Le merle, à ma fenêtre, est le témoin passif de ma vie lente, ma vie sans but, ma vie de rêverie, ma vie de quinquina, ma vie de camomille. Tous mes chemins, hélas ! me conduisent à moi-même. Inès, de ta passion éprise, en toi-même enfermée au beau palais des illusions, tu fis de ton amour le seul dieu de ta vie. Mon refuge fut le rêve de l'enfant que j'étais lorsque tu vins, Guilhem, en ton jardin de pierre, dans le grand calme des asters et des roses musquées, parmi les capitules pourpre-noir des scabieuses et les blanches pivoines, dans les narcisses et la sauge éclatante, me dire sans émoi ta course aventureuse. Ma muette amitié, ma silencieuse admiration me mettaient l'amertume à la bouche et les larmes aux paupières et tu m'as dit, Guilhem, qu'il n'est rien d'essentiel. Et tandis qu'en nos cœurs montaient comme un air triste les mots d'une chanson qui parle d'oiselet qui toute la nuit chante, mais ne chante pour moi, tu t'absentais, Guilhem, du carnaval du temps, sans convictions, limpide, tu mourais sous les magnolias.

Et je l'ai dit au vent qui féconde la plaine.

XII

Deux ans plus tard, le lieutenant Grüber, du corps expéditionnaire autrichien, trouva par pur hasard dans un ranch proche de Teziutlán la main du capitaine Danjou. Car il en va ainsi des choses et des hommes.

Achevé d'imprimer en avril 1990.
sur les presses de l'Imprimerie Bussière
à Saint-Amand (Cher)

Dépôt légal : avril 1990.
N° d'Impression : 841.

Imprimé en France